## 글 김지현

이화여자대학교에서 공부하고, 현재 대학교에서 학생들을 가르치고 있습니다.
항상 아이들이 많이 상상하고 즐거워할 수 있는 동화를 쓰려고 노력하고 있답니다.
쓴 책으로는 〈잃어버린 뼈를 찾아서〉가 있습니다.

## 그림 김승연

홍익대학교 시각디자인과를 졸업하고 그래픽 디자인 작업을 해 오다
그림책 〈여우 모자〉를 직접 쓰고 그리면서 그림책 작업을 시작하게 되었습니다.
한 번 보고 잊혀지는 그림책이 아니라 읽을 때마다 새롭게 다가와 평생 옆에 두고 보는,
친구 같은 그림책을 꾸준히 만들어 갈 계획입니다.

## 감수 신항균

성균관대학교 대학원 수학과를 졸업했습니다.
공군사관학교와 우석대학교 교수를 역임했고,
미국 애리조나 주립대학교 수학과 교환교수로도 활동한 바 있습니다.
지금은 서울교육대학교 수학교육과 교수로 재직 중이며,
동 대학교 초등수학교육연구소장으로 있습니다.
또한 서울교육대학교 영재교육원 운영위원으로도 활동하고 있습니다.
초등학교와 중학교, 고등학교에 이르기까지 수학교과서 집필책임교수로 활동했고,
저서로는 〈수학사와 수학이야기〉, 〈클릭 수학나라〉, 〈영재들의 1등급 수학교실 시리즈〉가 있습니다.

1단계 두 사물 비교 14

# 나도! 나도!

글 **김지현** 그림 **김승연** 감수 **신항균**
펴낸곳 **(주)아람키즈** | 펴낸이 **이소영** | 주소 **서울특별시 성동구 성수이로 147 아이에스비즈타워 2F**
고객센터 **1644-4521** | 팩스 **02-468-5548** | 홈페이지 **www.aramkids.co.kr** | 출판등록 **제2020-000011호**
기획 편집 디자인 **(주)아람키즈 하늘땅**
ISBN **979-11-6543-555-4 979-11-6543-509-7(세트)**



• 눈을 편안하게 해 주는 친환경 식물성 원료인 콩기름 잉크로 인쇄하였습니다.
⚠ 책 모서리가 날카로워 다칠 수 있으니 사람을 향해 던지거나 떨어뜨리지 마십시오.
⚠ 종이에 베이거나 긁힐 수 있으므로 주의해 주십시오.

# 나도! 나도!

글 김지현 · 그림 김승연 · 감수 신항균

아람키즈

아빠가 자동차랑 *줄넘기를 사 왔어요.

"오빠는 몸집이 크니까 *큰 자동차!"

"콜린은 몸집이 작으니까 *작은 자동차!"

"오빠는 키가 크니까 *긴 줄넘기!"

"콜린은 키가 작으니까 *짧은 줄넘기!"

"으앙, 나도 큰 자동차,
긴 줄넘기를 갖고 싶단 말이야."

"그것 봐, 콜린.
너한테는 너무 크고, 너무 길잖아."

콜린은 *부러운 듯
오빠를 바라보았어요.

"콜린, 이제 잘 시간이야."

"*높이 있는 *스위치는 오빠가 끄고,
*낮게 있는 꼬마전등은 콜린이 켜."

"높이 있는 스위치, 내가 끌래."
"그것 봐. 너한테는 너무 높잖아."

오빠는 **높이** 있는 스위치를 딸깍.

콜린은 **낮게** 있는 꼬마전등을 딸깍.

"엄마, 나도 큰 자동차 갖고 싶어요.
긴 줄넘기도 갖고 싶고,
높이 있는 스위치도 끄고 싶어요."

"네가 자라서 오빠처럼 커지면
**큰** 자동차, **긴** 줄넘기 다 줄게.
밥 많이 먹고 잠을 잘 자면 금방 쑥쑥 자랄 거야.
그때까지 기다릴 수 있지?"

엄마가 보기

## **두 사물 비교**를 알아보아요

**두 사물의 크기, 길이, 높이를 비교**하려면 **비교에 필요한 언어**를 알아야 합니다. 아이들은 보통 '크다, 작다'라는 말로 대부분의 사물을 비교하지요. 정확한 비교 개념을 익히기 위해, **길이를 비교**할 때는 **'길다, 짧다'**, **높이를 비교**할 때는 **'높다, 낮다'**라고 말하도록 이끌어 주세요.

아이와 함께 종류는 같지만 크기, 길이, 높이가 다른 두 사물을 주변에서 찾아 보세요. 예를 들어, 엄마의 손거울과 현관에 걸린 거울 중에 어느 것이 크고 작은지 비교하거나, 튀김용 젓가락과 아이의 젓가락 중에 어느 것이 길고 짧은지 비교하는 것도 좋은 활동이 됩니다. 비교할 때는 가급적이면 두 사물을 나란히 놓아 주세요. 특히 길이와 높이를 비교할 때는 두 사물의 한쪽 끝을 잘 맞추어 기준점이 같아지도록 신경 써 주세요.

아이가 보기

# 콜린과 오빠를 살펴보아요

오빠는 **큰** 자동차를,
콜린은 **작은** 자동차를 가졌어요.

오빠는 **긴** 줄넘기를,
콜린은 **짧은** 줄넘기를 가졌어요.

오빠는 **높이** 있는 스위치를 끄고,
콜린은 **낮게** 있는 꼬마전등을 켰어요.

아이와 함께 하기

# 함께 해 보아요

엄마와 함께 동네 산책을 나가요.
주위에 보이는 여러 가지 사물에 대해 이야기를 나누어 보아요.

큰길에 두 종류의 차가 지나가요.
버스와 승용차 중에 어느 것이 큰가요?

사람들이 강아지를 산책시키고 있어요.
어느 강아지의 목줄이 길고 짧은지 이야기해 보아요.

공원에 가면 나무들을 볼 수 있어요.
어떤 나무가 높고 낮은지 이야기해 보아요.